1 / 2018

Vollmers Waschtag

WENIGER DEMOKRATIE WAGEN!

LARS VOLLMER

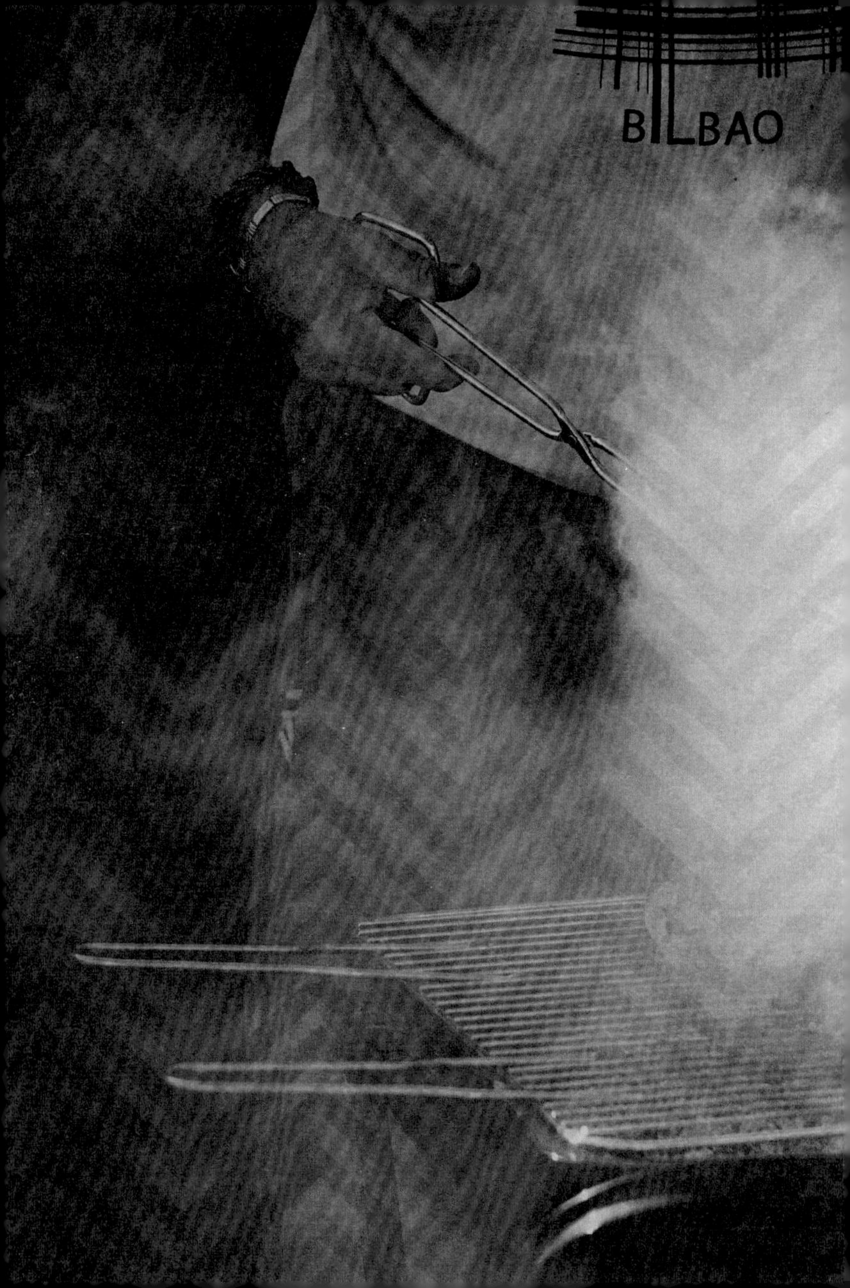
BILBAO

WENIGER DEMOKRATIE WAGEN!

Manchmal ist das Interessanteste, was passiert, dass nichts passiert. Als ich vor Kurzem in meiner derzeitigen Wahlheimatstadt Barcelona zur traditionellen Calçotada eingeladen war, stand ich vor dem Grill vor dampfenden Frühlingszwiebeln und genau das passierte: nichts! Jedenfalls nicht das, was ich erwartet und auf das ich mich gefreut hatte.

Gut, damit Sie mir folgen können, müssen Sie zuerst wissen, was eine Calçotada ist. Es hat, wie so viele Traditionen, mit Essen zu tun: Calçots sind Frühlingszwiebeln, so ziemlich das erste Gemüse, das man in jedem Jahr aus dem Boden holen kann. Zu diesem katalanischen Brauch treffen sich zumeist im Februar, wenn die ärgste Winterkälte vorbei ist, Freunde, Familie, Bekannte und Nachbarn auf öffentlichen Plätzen und grillen im Freien voller Vorfreude auf den Frühling. Zuerst kommen die Frühlingszwiebeln auf den Rost, die dann auf einer alten Tageszeitung mit einer würzigen Salsa Romesco herumgereicht und aus der Hand gegessen werden. Danach gibt's auch noch Fleisch. Und natürlich Rotwein aus der Porró.

Sie macht stets nur ihren Standpunkt klar, aber das mit Verve. Wie schön!

In diesem Jahr stand ich in meinem Viertel vor dem Grill inmitten meiner Freunde und Bekannten, einem wirklich furchtbar netten Kreis aus feinen Menschen, die eines eint: dass sie sich uneinig sind. Jedenfalls wenn es um Politik geht. Sie alle sind politisch interessiert und gut informiert, kommen aber weltanschaulich aus allen Himmelsrichtungen. Da sind eine freiheitsliebende Katalanin, ein Halbdeutscher, eine Perserin, eine Schweizerin und noch ein paar andere und ich.

Die Katalanin kann sich furchtbar echauffieren. Sie ist bestimmt die Lauteste von allen – aber sie versucht nie, jemanden zu missionieren. Sie macht stets nur ihren Standpunkt klar, aber das mit Verve. Wie schön!

Der Halbdeutsche kommt immer mal wieder mit den wildesten Verschwörungstheorien an, die von so weit her an den Haaren herbei-

Kann man nicht wenigstens
über die Machtlosigkeit reden?

gezogen sind, dass ich manchmal fast hintenüberkippe. Manchmal hat er beinharte Fakten, die seine Theorie untermauern, manchmal ist die Faktenlage eher dünne. Aber immer ist das, was er zum Besten gibt, erhellend, interessant und die Diskussion belebend.

Bei den letzten Malen, als wir uns gesehen hatten, flogen die Fetzen, dass es die pure Freude war.

Die Schweizerin ist Juristin. Sie will einfach an die Institutionen glauben, an den funktionierenden Rechtsstaat und an die gerechte Justiz. Naturgemäß hat sie damit derzeit in Katalonien einen schwer zu verteidigenden Standpunkt, aber sie wehrt sich tapfer.

In der Katalonienfrage habe ich mir lange Zurückhaltung auferlegt. Meine Rolle ist die des neugierig lernenden, beharrlich nachfragenden Zuhörers, was immer darin resultiert, dass irgendwann alle auf mich einreden. Ich muss zugeben, dass diese Rolle besonders herausfordernd und gleichzeitig besonders vergnüglich ist.

Bei den letzten Malen, als wir uns gesehen hatten, flogen die Fetzen, dass es die pure Freude war:

„Das wird schon!“

„Die EU zieht im Hintergrund schon längst die Fäden!“

„Wir können ja akzeptieren, dass Madrid ein paar Krawallmacher einsperren musste. Aber dass die beiden Jordis immer noch im Gefängnis sind. Das geht nicht! Die haben doch nichts gemacht! Das sind politische Häftlinge!“

„Aber Madrid kann doch die Verfassung nicht herschenken!“

„Lasst uns doch abstimmen!“

„Die EU bereitet mit Rajoy im Hintergrund eine Lösung vor …"

„Die PP hat vor Weihnachten 4% der Stimmen bekommen und soll jetzt die Zwangsverwaltung Kataloniens anführen. Was hat das mit Recht zu tun?"

„Sie werden Puigdemont wieder einreisen lassen. Irgendwie werden sie es hindrehen."

„Der Oberste Richter Spaniens will den Puigdemont doch in Wahrheit gar nicht festnehmen lassen, weil der das ja provoziert. Also wollen sie ihm den Gefallen nicht tun. Die drehen sich das Recht hin, wie sie es brauchen. Das ist politische Justiz!"

„So wie die Katalanen das wollen, geht das nicht. So kannst du das nicht anpacken. Das ist doch Harakiri!"

Ich habe nichts gegen Stille, aber diese Stille schmeckte nach Stillstand – und das ist genau das, was ich gar nicht gut vertrage.

So geht das normalerweise. So kenne ich das auch aus den Bars und Kneipen Barcelonas. Und so hatte ich das auch bei der diesjährigen Calçotada erwartet.

Aber diesmal standen alle nur um den Grill herum und schwiegen. Wir palaverten durchaus ein wenig über das Wetter, über Fußball und über Mode – was ja auch schöne Themen sind, aber diesmal war das nicht viel mehr als ein die Funkstille überdeckendes Rauschen. Und das entsprach auch der generellen Stimmungslage, die derzeit in Barcelona herrscht: bleierne, ja, fast schon depressive Stille. Auch in den Zeitungen herrscht Grabesruhe. Auf den Straßen kaum Demonstrationen mehr, keine Versammlungen, nichts.

Das gefiel mir gar nicht. Ich habe nichts gegen Stille, aber diese

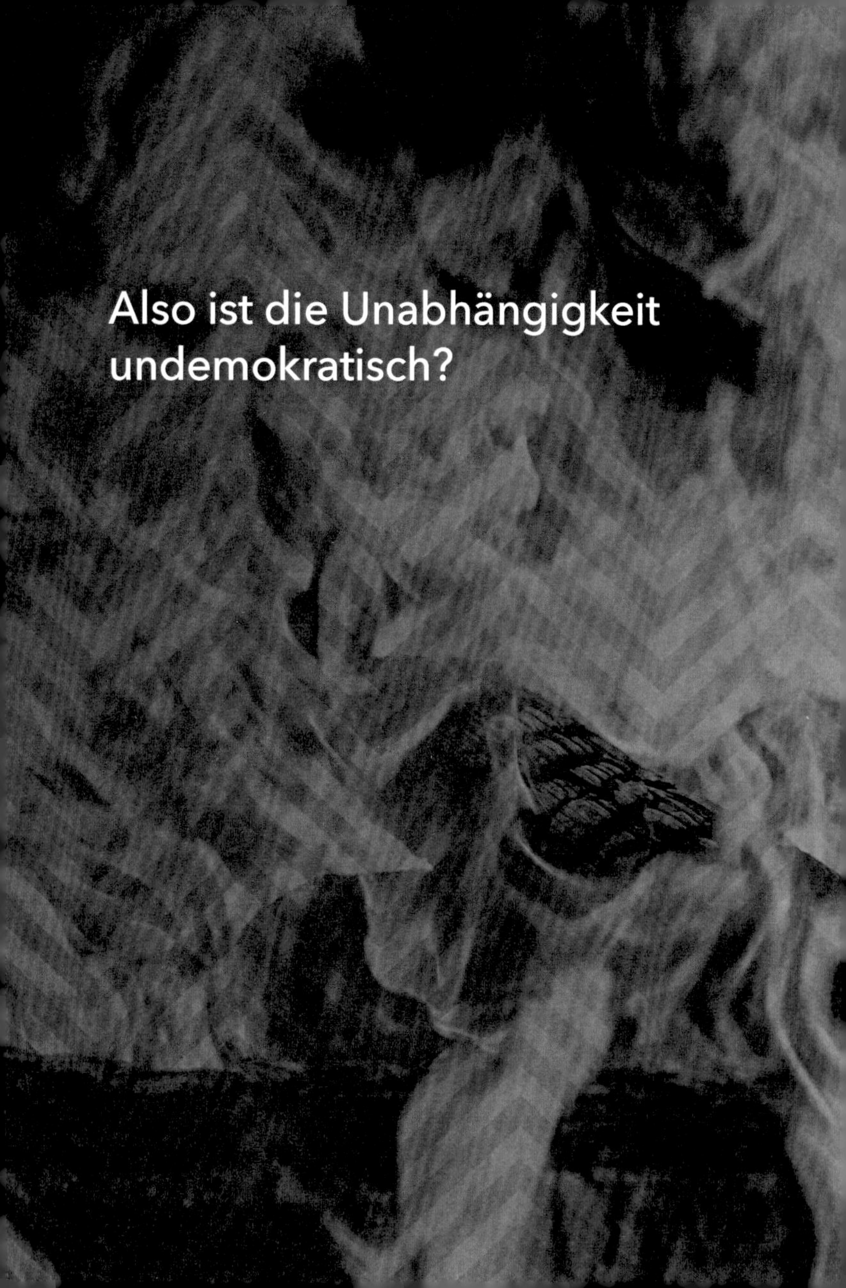

Also ist die Unabhängigkeit undemokratisch?

Stille schmeckte nach Stillstand – und das ist genau das, was ich gar nicht gut vertrage.

Ich verstehe ja, dass die ganze Unabhängigkeitsbewegung der Katalanen im Moment in einer Sackgasse steckt bzw. von der Madrider Zentralregierung mit aller Macht abgewürgt wurde. Ich verstehe auch, dass diese deprimierte Stimmung ein wenig zur Mentalität der Katalanen passt, sie pflegen nämlich ausgiebig und gerne zu leiden und die Opferrolle zu genießen. Aber normalerweise tun sie das auf charmante und wortreiche Weise. Nun aber hatte die Erfahrung der Machtlosigkeit eine fast schon verzweifelte Sprachlähmung zur Folge, die mich irritierte.

Wovon man nicht sprechen kann, darüber muss man schweigen

Kann man nicht wenigstens über die Machtlosigkeit reden?

Ich pulte die verkohlte äußerste Zwiebelschicht ab und kaute auf meinen ersten Calçots herum, schaute in die abwesenden Gesichter meiner Freunde und überlegte. Wenn es selbst den Katalanen die Sprache verschlägt, wenn selbst sie keine Wörter mehr finden, dann hat das etwas mit den Wörtern, mit der Sprache zu tun. Wovon man nicht sprechen kann, darüber muss man schweigen, wie wir seit Wittgenstein wissen. Was aber, wenn die Sprachlosigkeit sich nur darauf bezieht, dass die Wörter ausgelutscht und ausgeleiert sind?

Oder anders gesagt: Vielleicht haben die stolzen Gegner und Befürworter der Unabhängigkeit Kataloniens einfach schon alles gesagt, was mit den bisherigen Wörtern zu sagen ist.

Ich holte mir noch ein Glas Rotwein und überlegte, welche Wörter das betraf. Wenn Sie mich fragen, ist eines glasklar. Das wichtigste, zentralste, am häufigsten als Verbalwaffe eingesetzte Wort in diesem Konflikt war eindeutig: Demokratie. Um die Demokratie kreiste alles in den vergangenen Monaten!

Genau das ist der Begriff, der komplett leblos geworden war. Übrigens nicht nur in Katalonien.

Demokratie war die Kronzeugin für alle Argumente.

Beide Seiten beriefen sich auf die Demokratie. Immer. Die Zentralregierung sagte, sie akzeptiere nur eine katalanische Regionalregierung, die auf den Grundlagen der spanischen Demokratie gebildet wird – also keine, die die Unabhängigkeit im Schilde führt. Also ist die Unabhängigkeit undemokratisch?

Aber die Separatisten berufen sich ja ebenfalls auf die Demokratie, insbesondere auf das demokratische Selbstbestimmungsrecht der Völker. Diejenigen Parteien, die sich für die Unabhängigkeit aussprechen, haben bei der von Madrid veranstalteten Regionalwahl im Dezember die meisten Stimmen erhalten, wurden also demokratisch gewählt. Nun dürfen sie aber keine Regierung bilden. War die Wahl nun doch nicht demokratisch? Wer ist demokratischer, die Sezessionisten oder diejenigen, die die Einheit Spaniens erhalten wollen? Oder sind es beide? Oder keiner von beiden?

In jedem Interview, in jeder Rede, in jedem Zeitungsartikel in den letzten Monaten wurde auf der Demokratie herumgeritten, bis sie humpelte. Es wurden die klassischen Aphorismen wie »… government of the people, by the people and for the people« (Abraham Lincoln, Gettysburg Address) oder »No man is born to rule or to be ruled« (John Locke) zitiert und jeder wusste ganz genau, was wirklich demokratisch ist. Und er wusste es besser als alle anderen. Demokratie war die Kronzeugin für alle Argumente. Ganz ähnlich eigentlich wie im Rest von Europa.

In einem Strategiepapier der britischen Regierung von 2011 wird Extremismus klar definiert: als Widerstand gegen die Demokratie. Was aber, wenn diejenigen, die Widerstand leisten, zum Beispiel junge, rechtskonservative Blogger und Journalisten, sich ebenfalls auf die Demokratie berufen – und insbesondere auf einen der wichtigsten Eckpfeiler der Demokratie, nämlich die Meinungsfreiheit? Kann die britische Regierung Kritiker, die sich auf die Demokratie berufen, als Extremisten bezeichnen, also als Widerständler gegen die Demokratie? Sie tat genau das, als sie im März 2018 einer Amerikanerin, einer Kanadierin und einem Österreicher die Einreise nach England verwehrte, weil sie in London eine Rede über Meinungsfreiheit halten und einen britischen Regierungskritiker interviewen wollten.

Kann die britische Regierung Kritiker, die sich auf die Demokratie berufen, als Extremisten bezeichnen (...)?

Daran sieht man: Alle Seiten berufen sich auf die Demokratie. Und das bedeutet, dass völlig unklar geworden ist, was mit dem Begriff Demokratie eigentlich gemeint ist. Denn Demokratie besteht ja nicht nur aus Wahlen und Abstimmungen. Da gehört noch viel mehr dazu: Gewaltenteilung, Rechtsstaatlichkeit und eine bestimmte bürgerliche Gesinnung. Manche packen auch den Sozialstaat, den Föderalismus, die Grund- und Menschenrechte und noch einiges mehr in den ideologischen Rucksack der Demokratie.

Aber das ist nicht eindeutig, immerhin wollen die meisten Staaten der Welt Demokratien sein, gerade auch autoritäre Regime wie die Volksrepublik China oder die DDR seinerzeit. Ist nicht auch Vladimir Putin ein »lupenreiner Demokrat«? Wurde die Ausweitung der Macht Erdogans zur Despotie in der Türkei nicht mit mehr als 50 % der Stimmen vom Volk beschlossen? Und, oh weh, wurde nicht auch Adolf Hitler demokratisch gewählt?

> Demokratie ist ein Topfwort, ein Bedeutungssammelcontainer, eine Begriffshalde für alles Gute.

Und in Deutschland hören wir von allen übrigen Parteien und vielen etablierten Journalisten, die unsägliche AfD sei ein Feind der Demokratie. Aber hat nicht gerade erst eine demokratische Bundestagswahl die AfD in den Bundestag gebracht? Und befolgt die AfD etwa nicht alle einschlägigen Parteigesetze und Verfassungsartikel, die unsere Demokratie konstituieren? Würde sie das nicht, dann wäre sie verboten. Was also ist hier mit undemokratisch gemeint? Wissen Sie, ich weiß es nicht.

Was ich weiß: Demokratie ist ein Topfwort, ein Bedeutungssammelcontainer, eine Begriffshalde für alles Gute. Also genauer für alles das, was bestimmte Gruppen für gut halten. Demokratie ist gut und ein Demokrat steht in jedem Fall auf der Seite der Guten. Das Wort wird damit zu einer universellen Verbalwaffe: Ein kleiner Wutausbruch genügt, und schon könnte ein SPD-Politiker einem CDU-Politiker undemokratische Gesinnung reinwürgen. Oder umgekehrt. Und ich wette, das ist schon mehr als einmal geschehen.

Die in der Deutschen Demokratischen Republik aufgewachsene

Was also ist hier mit
undemokratisch gemeint?

Sahra Wagenknecht von den Linken setzte sich im Bundestag bei der Aussprache über die Élysée-Verträge für »ein Europa der souveränen Demokratien« ein. Der Liberale Konstantin Kuhle twitterte daraufhin »Putin-Sprech!«. Also ist der Freie Demokrat gegen souveräne Demokratien in Europa? Oder nur gegen Frau Wagenknecht? Ich bin völlig verwirrt – und das wird nicht nur mir so gehen!

Solche Begriffe, wie den völlig nutzlos gewordenen Begriff der Demokratie, nenne ich Flutschbegriffe.

In Katalonien gibt es sogar nicht nur diejenigen Demokraten, die Ja zur Unabhängigkeit sagen, und solche, die Nein sagen, sondern es gibt zusätzlich noch Demokraten, die sich weder auf die Seite der spanischen Zentralregierung noch auf die Seite der Separatisten stellen. Die sagen, sie könnten der Unabhängigkeit einiges abgewinnen, aber eben nicht so! Es bräuchte einen dritten Weg. Oder einen vierten. Oder einen fünften. Also nichts, was man mit einer Volksabstimmung, die Ja oder Nein zur Wahl stellt, entscheiden könnte. Übrigens bin ich selber einer derjenigen, die so denken. Aber ist das dann noch demokratisch? Oder ist das vielleicht sogar mehr als demokratisch?

Also, lassen Sie uns das auflösen!

Solche Begriffe, wie den völlig nutzlos gewordenen Begriff der Demokratie, nenne ich *Flutschbegriffe*. Das sind Wörter, die wie Gleitcreme in der Kommunikation funktionieren: Sie sind so allgemein und vielsagend, dass sie immer irgendwie passen und jeder sich sofort darauf beziehen kann. Demokratie ist ein Flutschbegriff! Er entzieht sich jedem geistigen Zugriff. Es können sich zwei Leute im totalen Dissens befinden, abgesehen davon, dass beide das D-Wort verwenden. Wenn Sie aber auf die wahren Verhältnisse schauen, dann erkennen Sie, dass die Realität überhaupt nicht von der Demokratie bestimmt wird, sondern von den Machtverhältnissen. Wer den Begriff gebraucht, will damit in der Sache gar nicht weiterkommen, sondern nur einen höheren Platz auf dem Affenhügel der moralischen Deutungshoheit erobern.

Meine These ist nun, dass Sie mit solch einem Flutschbegriff grundsätzlich überhaupt keine Probleme lösen können. Das ist natürlich auch der Grund, warum er so gerne benutzt wird. Er flutscht eben so schön: Alles bleibt so, wie es war, keiner braucht sich zu bewegen. Die Kommunikation flutscht weiter. Und die Probleme bleiben.

Aber wenn Sie wirklich Probleme lösen wollen, dann müssen Sie aufhören, solche Wörter zu benutzen. Das ist genau dasselbe wie bei anderen Flutschbegriffen. Wie bei *Planung* zum Beispiel. Oder *Strategie*. Oder *der Kunde*. Oder auch *der Wähler*.

Stattdessen schlage ich vor: Sagen Sie doch einfach, was Sie genau meinen! Differenzieren Sie! Legen Sie offen, für was genau der Platzhalter *Demokratie* im aktuellen Kontext für Sie gerade steht. Also: Meinen Sie Rechtsstaat? Was meinen Sie genau? Meinen Sie Meinungsfreiheit? Meinen Sie die Staatsform Volksherrschaft, also Republik? Meinen Sie individuelle Freiheit? Meinen Sie die legitimierte Verfassung? Meinen Sie Wahl? – Und wenn Sie Wahl meinen, wovon sprechen wir dann? Von Bürgerentscheid? Von Direktwahl? Vertreterwahl? Was genau wollen Sie?

Alles bleibt so, wie es war, keiner braucht sich bewegen.

Und anstatt etwas undemokratisch zu nennen:

Was genau kritisieren Sie denn?

Ich holte mir ein Stück Lammfleisch vom Grill. Es schmeckte herrlich! Zu den um mich herum schweigenden Freunden sagte ich:

»Seid ihr eigentlich für das Schweizer System der direkten Sachwahl?« Die Katalanin schaute mich an, ihre Augen begannen zu leuchten, sie holte Luft … und echauffierte sich!

Die Schweizerin unterbrach sie sofort. Der Halbdeutsche hatte eine abstruse Idee. Die Perserin hatte einen Einwand. Alle stritten sich. Na, also, Gott sei Dank! Alles wieder in Ordnung.

Ja, alles wieder in Ordnung.

Nichts in Ordnung allerdings ist mit denen, die sich den Flutschbegriff *Demokratie* derart protuberant auf die Fahne geschrieben haben, dass sie daran zwangsläufig gemessen werden: den Politikern und ihren Parteien. Denn wenn Demokratie als Wort nichts Greifbares ist, dann stehen diese Politiker und Parteien, die das D-Wort als Monstranz vor sich hertragen, eben auch für … nichts Greifbares. Und dann kann man sich auch gleich sparen, sie zu wählen.

Ich finde, das sollte ich diesen *Flutschpolitikern* einmal selber sagen, denn das bin ich ihnen als Demokrat (sic!) einfach schuldig. Wer im Politgeschäft nicht gewählt wird, kann schließlich einpacken. Und wissen Sie was? Ich glaube, das mache ich tatsächlich einfach mal. Ich schreibe denen das. Nur, mit wem fange ich an?

Nun, selbstverständlich haben die Damen höflichkeitshalber immer den Vortritt, und außerdem gilt: Alter vor Schönheit. Zusammengefasst: *Old Ladies first!* Ja, und da gibt es eine alte Dame, die wird demnächst 155 Jahre alt. Und da es sein könnte, dass sie's nicht mehr lange macht, schreibe ich ihr doch besser gleich sofort …

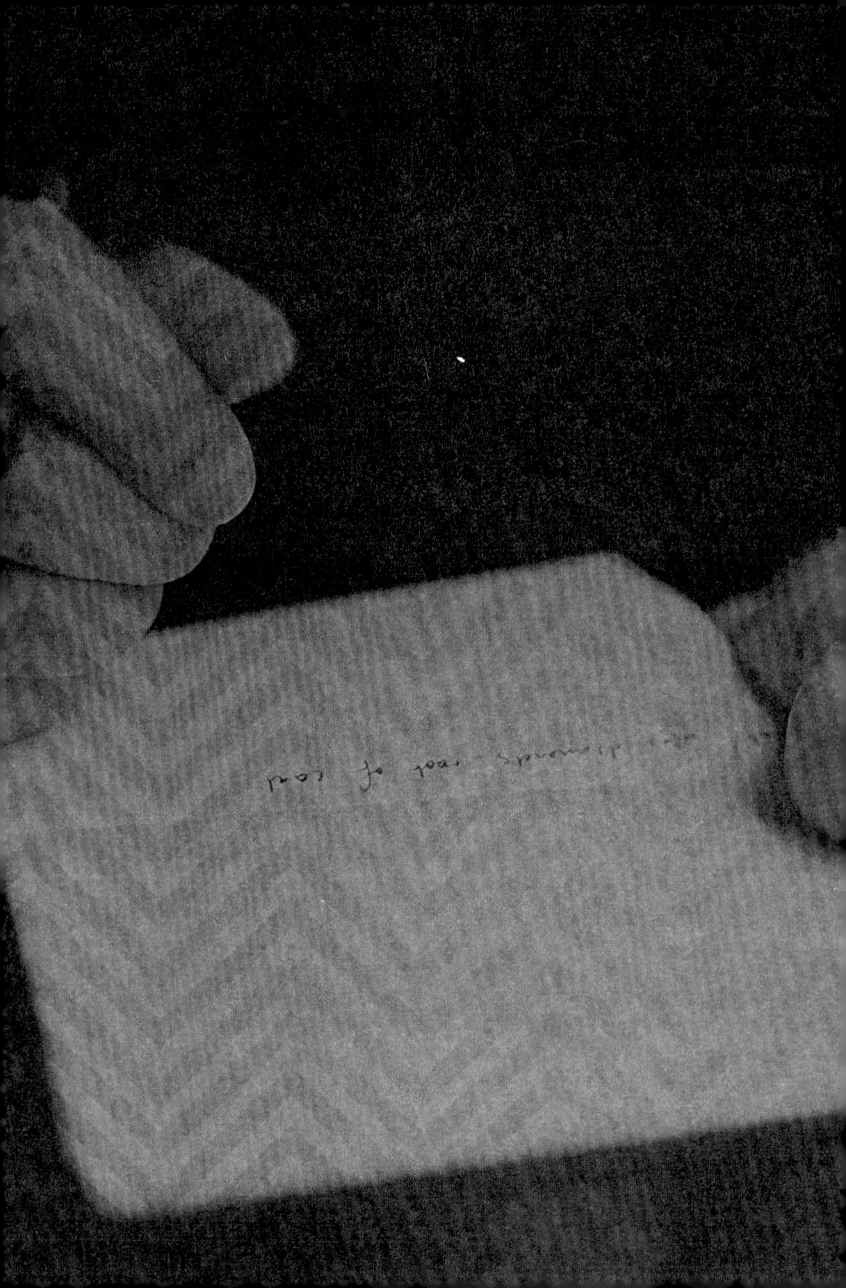
diamonds
of coal

SPD

LIEBE ALTE DAME,

was du auf deine alten Tage noch mitmachen musst ... das tut mir leid. Es sind wahrlich unruhige Zeiten, in denen du deine alten Knochen nochmal hinhalten musst. Bekanntlich nimmt die Knochensubstanz im Alter ab, und bei dir hat sich die Wählersubstanz, nämlich die bei Bundestagswahlen für dich abgegebenen Stimmen, in den letzten 20 Jahren von gut 20 Millionen auf rund 9 Millionen mehr als halbiert. Das ist eine ziemlich akute Stimmenosteoporose, würde ich sagen.

Dennoch habe ich nun keine ernste Sorge um unser Land und auch nicht wirklich um dich – sogar Hannover 96 ist letztes Jahr wieder aufgestiegen. Ich schreibe dir diesen Brief auch keineswegs, weil ich ein grundsätzlicher Gegner sozialdemokratischer Politik wäre. Nein, immerhin haben deine Positionen und die dich vertretenden Personen es geschafft, dass du eine der vier Stimmen, die ich im letzten Herbst zu vergeben hatte, für dich verbuchen konntest.

Ja, du kannst noch immer stolz sein. Als du im Deutschen Reich am Ende des 19. Jahrhunderts aus dem Allgemeinen Deutschen Arbeiterverein hervorgegangen bist, musstest du erst noch gegen das kaiserliche *Gesetz gegen die gemeingefährlichen Bestrebungen der Sozialdemokratie* ankämpfen. Diese Hürden und Widerstände schienen dich damals umso stärker zu machen. Bereits 1890, bei der ersten Wahl, an der du nach Aufhebung der Sozialistengesetze teilnehmen durftest, warst du stärkste Partei.

Ich frage mich, vor allem wenn ich auf dich in deinem heutigen, doch etwas zusammengesunkenen Zustand schaue, wie du das damals hinbekommen hast. Die Historiker sagen: durch deine revolutionär marxistische Ausrichtung. Also durch deine Ankündigung, den Kapitalismus zu überwinden und die Arbeiterklasse aus Armut und Unterdrückung zu befreien. Du wolltest eine an Gleichheit und Solidarität orientierte Gesellschaftsordnung und damit meintest du: Demokratie. Und damals wusste jeder genau, was du damit meintest – Demokratie bedeutet direkt aus

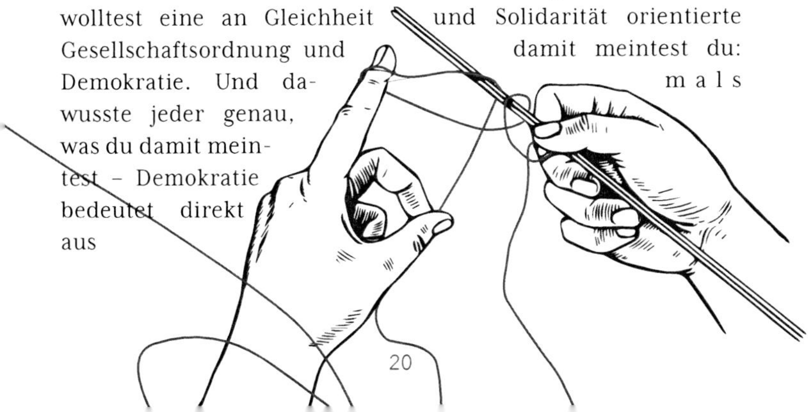

dem Griechischen übersetzt: Volksherrschaft. Also wolltest du: die Revolution, den Sturz der Reichen und Mächtigen, die Herrschaft des einfachen Volks, also des Proletariats, der Arbeiter und Bauern. Du warst eine Radikale!

Auch heute hältst du in deinen Partei- und Wahlprogrammen und in den Reden deiner Genossen eines ganz hoch: die Demokratie. Dagegen wird keiner etwas einwenden, so viel steht fest. Aber bitte sei mir nicht böse, liebe alte Dame, mit dieser Demokratie, die du im Munde führst, gibt es ein Problem.

Ich dachte immer, ich sei Demokrat. Aber so langsam versteh ich nicht mehr, was das konkret überhaupt sein soll. Denn du verwirrst mich!

Ja, ich kann staatsrechtliche Grundsatzartikel lesen. Habe ich auch. Ist interessant. Aber in deiner praktischen Ausgestaltung wird das immer seifiger, immer flutschiger. Ich kann, wenn ich dir so zuschaue, gar nicht mehr erkennen, was demokratisch sein soll und was nicht. Und dabei dachte ich doch, dass Demokratie das Fundament unserer Gesellschaft ist. Und dann müsste es doch felsenfest stehen, was das bedeutet.

Du sagst ja selbst in deinem aktuellen Regierungsprogramm, dass unser Land demokratischer sei als jemals zuvor und dass du stolz seist auf unseren demokratischen Rechtsstaat. Und du warnst außerdem, dass der Zusammenhalt unserer Demokratie gefährdet sei durch die politische Radikalisierung. Radikal sein willst du also offenbar heute nicht mehr. Und Demokratie zu erkämpfen brauchst du auch nicht mehr. Alles schon erledigt.

Ja, du betrachtest die Demokratie heute als das wichtigste zu schützende Gut unserer Gesellschaft. Und da hätte ich die Frage, ob das so demokratisch ist, was du gerade mit der Demokratie so anstellst.

Ist es demokratisch, dass deine Mitglieder über die Beteiligung an der neuen Bundesregierung abgestimmt haben? Immerhin sind einige von denen gar keine deutschen Wahlbürger und manche sind nur zum Zwecke der Abstimmung eingetreten und danach wieder ausgetreten. Ja es hat sogar mindestens ein Hund namens Lima an der Wahl teilgenommen (dessen Stimme du allerdings gerade noch annullieren konntest, weil du aus der Bild-Zeitung davon erfahren hast). Oder wäre es demokratisch, wenn die demokratisch gewählten Delegierten oder der demokratisch gewählte Parteivorstand über die Beteiligung an der Regierung demokratisch abstimmten? Oder haben bereits die Mehrheitsverhältnisse der Wählerstimmen bei der Bundestagswahl selbst die Antwort gegeben, ob du mitregieren sollst oder nicht?

Heiliger Strohsack, demnach ist Egoismus undemokratisch?

Ist die Wählerstimme bei einer demokratischen Wahl nicht generell die Zustimmung zu einer Partei? Ja, klar, denn du kannst ja nicht *Nein* ankreuzen. Aber bist du, liebe alte Dame, dann überhaupt frei zu sagen: »Och, ich regiere jetzt mal nicht.«? Das würde doch jeden einzelnen deiner Wähler, ja, das würde die ganze Demokratie vor den Kopf stoßen!

Die FDP hat das glatt gemacht, sie hat abgewunken, weil sie lieber gar nicht regieren wollte, als in eine Koalition einzutreten, in der sie ihre Politik nicht zu verwirklichen sah. Dafür hat dein alter Justizminister und neuer Außenminister Heiko Maas die

Liberalen kolossal abgewatscht: »Der parteipolitische Egoismus der FDP beschädigt unsere Demokratie«, diktierte er der dpa!

Heiliger Strohsack, demnach ist Egoismus undemokratisch? Bist du sicher? Und außerdem darf somit also deiner Meinung nach eine demokratische Partei gar nicht *Nein* zur Regierungsbeteiligung sagen. Weil das undemokratisch ist. Ja, gut, aber dann sage mir bitte, warum hast du dann deine Genossen genau darüber mit Ja oder Nein abstimmen lassen? War das *Nein* auf dem Abstimmungszettel dann eine echte Option? Oder war das nur so pro forma, wie ja auch das Begleitschreiben deines Vorstands dem Wähler klipp und klar sagte, was er als braves Mitglied zu wählen hatte, nämlich den Beschluss des Vorstands, also: Ja!

Oder ist *demokratisch* einfach nur ein Wort zur allgemeinen Legitimation der eigenen Position?

Ist so ein *betreutes Wählen* noch demokratisch?

Oder ist die echte, ergebnisoffene innerparteiliche Auseinandersetzung über eine solche Frage eben gerade doch Teil der Demokratie? Aber warum sollten dann deine Kollegen von der FDP undemokratisch sein, wenn sie sich zu einem Nein entscheiden? Hmmm …

Du sagst, das Votum der Wähler zu ignorieren sei respektlos. Einverstanden. Aber dann verstehe ich überhaupt nicht mehr, wie respektvoll es gegenüber mir, einem Wähler ist, wenn du direkt am Wahlabend nach deiner krachenden Niederlage in persona deines Parteivorsitzenden verkündest, dass du für Regierungsarbeit nicht zur Verfügung stehst, weil du beschlossen hast, in die Opposition zu gehen.

Wer hat das denn demokratisch beschlossen? Die Wähler? Nein, die haben dich ja gewählt. Die Parteimitglieder? Nein, die sind ja erst später gefragt worden. Es war wohl die Parteiführung. Dafür ist die ja auch gewählt. Aber wenn die sowas entscheiden kann, warum hat es dann noch einen Mitgliederentscheid gebraucht, als die Parteiführung es sich doch noch anders überlegt hatte und lieber doch regieren wollte, obwohl sich doch am Wahlergebnis gar nichts geändert hatte?

Ich bin immer verwirrter. Man könnte den Eindruck haben, dass es undemokratisch ist, wenn die FDP nicht regieren will, dass es aber demokratisch ist, wenn die SPD es will. Und das kann ja nicht sein.

Oder ist *demokratisch* einfach nur ein Wort zur allgemeinen Legitimation der eigenen Position? Damit könnte ich leben. (Vielleicht nicht jeder Staatsrechtler, aber das ist deren Problem.) Aber dann sei doch ehrlich und sage es!

Das ist legitim. Aber eben doch einfach nur ein PR-Trick.

Ach, und was ich auch immer weniger verstehe an dieser Demokratie, je mehr ich darüber nachdenke: Sind nun die Anzahl und das Verhältnis der auf eine Partei bei einer Wahl abgegebenen Stimmen der Ausdruck des demokratischen Willens? Oder ist es die Differenz zur Zahl der Stimmen bei der Wahl vor vier Jahren? Wenn du 5,2 Prozentpunkte gegenüber der Wahl 2013 verloren hast, bist du Wahlverlierer, das hast du selbst gesagt. Aber wenn du dennoch zweitstärkste Partei bist, bist du zweiter Wahlgewinner, auch das hast du gesagt.

Natürlich verstehe ich, dass du nicht nochmal als Juniorpartner von Frau Merkel in eine Regierung wolltest. Die Erfahrung zeigt ja auch, dass sie die Knochen ihrer Juniorpartner abfieselt und dann auf die Halde wirft. Und das meine ich jetzt lediglich metaphorisch, bitte schön. Jedenfalls hat dir die letzte Partnerschaft mit ihr nicht gerade zur Gesundheit gereicht. Du wolltest in die Opposition, um beim Wähler wieder sichtbarer zu werden. Das ist legitim. Aber eben doch einfach nur ein PR-Trick. Wahltaktik. Wenn also so etwas ein Kriterium pro oder contra Regierungsbeteiligung ist: Ist das dann demokratisch? Oder nicht doch einfach taktisch? Und ist das überhaupt ein Unterschied?

> Es tauchen noch viele weitere Fragezeichen vor mir auf, wenn ich dir so zuhöre.

Ich weiß es mittlerweile nicht mehr. Und es geht noch weiter: Zwei deiner Jungs wollten das Außenministeramt. Der eine wird von der Bevölkerung in den Umfragen als beliebtester Politiker angesehen. Der andere hat 100 % Zustimmung von der Parteibasis bekommen. Zwei starke Argumente. Nur: Aus welchem demokratischen Prinzip leitet sich ab, dass der eine das Amt haben darf und der andere nicht? Und wieso bekommt dann am Ende ein Dritter das Amt, der weder von der Partei gewählt noch bei der Bevölkerung sonderlich beliebt ist?

Wie jetzt? Hast du das irgendwie anders beschlossen? Also undemokratisch? Aber dann erklär mir das doch bitte mal! Denn ich weiß jetzt gar nicht, ob ich für deine Politik oder dagegen bin. Für oder gegen deine eigenwillige Personalauswahl.

Keineswegs stoße ich in das Horn derjenigen, die deinen Führungskräften sofort persönliche Machtgelüste vorwerfen. Das liegt mir fern, auch wenn es manchmal zugegebenermaßen die naheliegendste Erklärung ist. Nein, ich finde das alles irgendwie sympathisch. Aber ich würde dann schon gerne irgendwann mal auch begreifen, was das alles eigentlich soll.

Nicht nur das Postengeschacher rund um diese ganze Regierungsbildung lässt mir die Bedeutung des Wortes *Demokratie* zwischen den Fingern hindurchrinnen. Es tauchen noch viele weitere Fragezeichen vor mir auf, wenn ich dir so zuhöre. Und mit gespitzten Ohren zugehört habe ich dir beispielsweise bei dem, was du über den Konflikt um die Unabhängigkeit Kataloniens gesagt hast. Das betrifft mich ja auch, weil ich zwar meine Steuern in Deutschland zahle, aber viel in Barcelona wohne.

Dein außenpolitischer Sprecher Niels Annen empörte sich, dass er den Vergleich zwischen dem Verhalten der Madrider Zentralregierung und dem von Francisco Franco, dem nationalistischen Diktator Spaniens zwischen 1936 und 1975, infam finde. Annen forderte, der demokratisch gewählte Präsident der katalanischen Autonomieregierung Carles Puigdemont solle sich der spanischen Justiz stellen. Spanien sei nämlich ein demokratischer Rechtsstaat! Katalonien genieße die spanische Demokratie und werde nicht von Madrid unterdrückt. Katalonien habe sich bewusst entschieden, einen politischen Streit außerhalb der demokratischen Institutionen auf der Straße auszutragen. Beide Seiten müssten den Dialog aufnehmen. Warum? Weil es um die Demokratie geht.

Beide Seiten müssten den Dialog aufnehmen.

Dann sagte dein damaliger Vorsitzender Martin Schulz, die EU solle sich bloß nicht einmischen, das sei nicht ihre Aufgabe. Warum?

Weil es um die Demokratie geht.
Dann sagte dein Fraktionsvize Axel Schäfer, es sei erstrangige Aufgabe der EU, zwischen Madrid und Barcelona zu vermitteln. Warum? Weil es um die Demokratie geht.

Mit anderen Worten: Du wusstest überhaupt nicht, was du eigentlich wolltest. Dagegen habe ich ja gar nichts, denn alle wollen sicherlich das Beste. Dein Wunsch, mit einer Stimme zu sprechen, bringt halt manchmal so ein Chaos zustande. Aber worauf ich hinaus will: Warum nimmt denn jeder deiner Genossen, der etwas zu dem Thema sagt, und sei es noch so widersprüchlich, die Demokratie als Kronzeugin?

Ist es im Sinne einer Demokratie, den Begriff Demokratie ständig zu verwässern?

Oder bedeutet *Demokratie* für dich heute in Wahrheit einfach nur das, was du irgendwie *gut* findest?

Auch das wäre für mich ok. Dann wäre *demokratisch* aber kein Argument, sondern der Ausdruck eines Gefühls, das etwas irgendwie *gut* sei. Das ist legitim. Wenn einer sagt: »Ich habe irgendwie das Gefühl, man sollte es so oder so machen …«, dann finde ich das völlig in Ordnung. Aber muss denn dann um Himmels willen ein solches Gefühl ständig hinter *demokratisch* versteckt und damit legitimiert werden?

Weiter: Ist es im Sinne einer Demokratie, den Begriff *Demokratie* ständig zu verwässern? Oder erweist das der Demokratie einen Bärendienst? Ist das somit undemokratisch? Also: Findest du das gut oder schlecht?

Das ist die Frage. Und darum besteht für mich Redebedarf. Natürlich bist du überhaupt nicht die einzige, die den Begriff verwässert, aber jetzt schreibe ich nun mal gerade dir. Nein, es steht mir ganz gewiss nicht zu, dir vorzuschreiben, was du sagen oder nicht sagen sollst! Das fände ich auch ehrlich gesagt undemokratisch.

Aber vielleicht hilft es ja, wenn du statt *Demokratie* einfach mal sagen würdest, was du eigentlich sagen willst, wenn du aus reiner Gewohnheit schon wieder *Demokratie* sagen willst. Indem du jeweils immer sagst, was du mit ihm meinst, könntest du den Begriff vielleicht sogar wieder nach und nach mit Substanz füllen.

Nur solltest du dann das Wort *Demokratie* vielleicht mal einige Zeit aus deinem Sprachschatz streichen.

Mehr wollte ich eigentlich gar nicht vorschlagen.

Nix für undemokratisch.

Dein

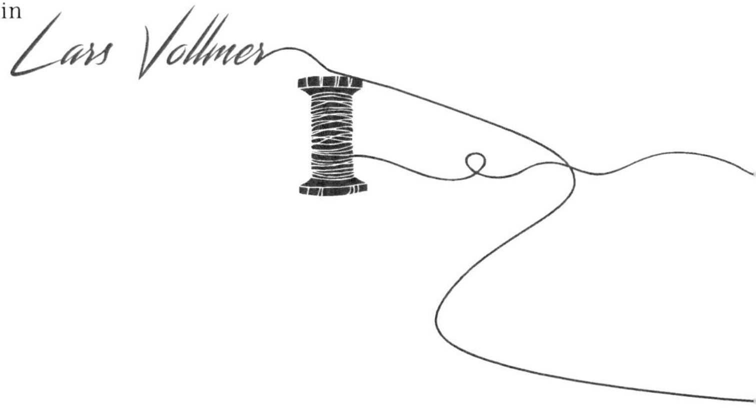

ÜBER DEN AUTOR

Hon.-Prof. Dr.-Ing. Lars Vollmer schaut in seinen Büchern, Auftritten, Kolumnen und Videobotschaften mit einer ganz eigenen, frischen Perspektive auf Wirtschaft, Unternehmen und Gesellschaft. Dabei scheut er sich nicht, eingerostete Strukturen infrage zu stellen.

Was macht Mannschaften wirklich erfolgreich? Funktioniert ein Orchester auch ohne Dirigenten? Und wieso entscheiden Mitarbeiter nicht selbst über ihr Gehalt?

In Zeiten von Modernisierung, Digitalisierung und New Work stellt Lars Vollmer die Vorteile von Selbstorganisation heraus und diskutiert wertvolle Gestaltungsprinzipien, um Eigenverantwortung in Wirtschaft und Gesellschaft zu fördern.

Lars Vollmer ist gefragter Redner auf internationalen Kongressen und Unternehmensveranstaltungen. Er lebt in Barcelona, ist leidenschaftlicher Jazzpianist und Musikkenner, liebt Wortwitz, schlichtes Design, guten Kaffee und New York.

Mehr über den Autor unter www.larsvollmer.com.

Wie sich Menschen organisieren, wenn ihnen keiner sagt, was sie tun sollen

»Wer ist für was zuständig?« Diese Frage stellt sich erstaunlich oft in ganz unterschiedlichen Zusammenhängen. Ob in der Familie, im Fußballteam oder beim Finanzamt: Überall sind feste Strukturen verankert, aus denen sich wie selbstverständlich Hierarchien und Abteilungen bilden.

Wie würden Menschen in Familien, Sportmannschaften oder Unternehmen agieren, wenn es diese Strukturen nicht gäbe? Der Unternehmer und Honorarprofessor der Leibniz Universität Hannover, Lars Vollmer, weiß: Wenn Menschen freiheitlich leben und arbeiten, entsteht echter Nutzen für die Gesellschaft des 21. Jahrhunderts.

Der Autor inspiriert seine Leser zu mehr Initiative, Verantwortung und der Überlegung, wie eine Gesellschaftsordnung voller Agilität und Freiheit aussehen kann. Anhand überraschender Beispiele aus Gesellschaft und Wirtschaft macht sich Lars Vollmer siebeneinhalb augenöffnende Gedanken über eben jene Entwicklung, die Menschen vollführen, wenn ihnen niemand Zeit-, Ziel- oder sonstige Pläne vor die Nase setzt. Und das bewirkt nicht nur Freude, sondern auch wahre Wirksamkeit.